JN022931

# no *positive* no life

~ネガティブからポジティブな自分まであと数秒~

春木開
HARUKI KAI

ポジティブな世界へようこそ!!
僕のポジティブをもっと深堀りして
皆に伝染していくといいな!
手に取ってくれた皆本当にありがとー!!!!

春木開

# e no life

# no positive

# 春木開のプロフィール PROFILE
HARUKI KAI

## NAME <名前>
春木開
はるき かい
HARUKI KAI

## DATE OF BIRTH <生年月日>
1988年6月28日　28th June, October

## PLACE OF BIRTH <出身地>
岡山県　Okayama Prefecture

## BLOOD TYPE <血液型>
A　Type A

## FAMILY <家族構成>
父母弟　Father, Mother and Younger Brother

## HEIGHT <身長>
170cm

## WEIGHT <体重>
60kg

## SHOE SIZE <足のサイズ>
24.5cm

## HOBBIES <趣味>
寄付

## SKILLS <特技>
人を喜ばせること

## MOTTO <座右の銘>
やるか すぐやるか

## HABIT OF SAYING <口癖>
ポジティブ足りない!

## ATTRACTIVE FEATURE <チャームポイント>
オーラ

## HAPPIEST TIME <何している時が一番幸せ?>
生きてる時ずっと幸せ

## CHILDHOOD DREAM <子供の頃の将来の夢>
プロ野球選手

## FUTURE OR THE PAST <タイムスリップできるなら未来?過去?>
今

## DESIRE <今一番ほしいもの>
愛

## WORK MOTIVATION <仕事のモチベーション>
モチベで左右される仕事のやり方でないから遥か昔に捨ててきた

## MY BEST 3
### ～マイブーム～

**01** サウナ

**02** エクソソーム

**03** フォロおごチャレンジ

## MY BEST 3
### ～好きなブランド～

**01** 春木開

**02** iris

**03** クロムハーツ

## MY BEST 3
### ～好きな漫画～

**01** 九条の大罪

**02** adabana

**03** ハンターハンター

## MY BEST 3
### ～良かった美容施術～

**01** 脱毛

**02** アートメイク

**03** 埋没整形

## MY BEST 3
### ～好きな海外の場所～

**01** ケニア

**02** スイス

**03** ドバイ

## MY BEST 3
### ～国内でよかったホテル～

**01** たけふえ（熊本）

**02** ガンツウ（広島）

**03** 天空の森（鹿児島）

## MY BEST 3
### ～泣けるドラマ～

**01** 白夜行

**02** 一リットルの涙

**03** 愛の不時着

## MY BEST 3
### ～欠かせないコスメ～

**01** ハーブスキンエクソソーム美容液

**02** ハーブスキンパック

**03** クリスティーナコスメ

# HARUKI KAI'S
# DAILY STYLE
## 01-09

春木開のデイリー・スタイル紹介

POSITIVE GREEN COORDINATION

ポジティブ
グリーンコーデ！

スタジャンが大好きでスタジャンは沢山集めてる！ その中でもルイヴィトンのスタジャンは毎シーズン購入してる！このスタジャンはヴァージル・アブローデザイナーによるデザイン。店頭に並ぶ前に即完売したデザインで発売して年数が経っても絶えず人気のスタジャン。

即完売した人気のスタジャン！

GREEN
WORLD!

スニーカーはルイヴィトン×エアフォース。こちらも即完売でプレミア価格で 100 万円以上で市場では流通されているスニーカー。

後ろも可愛い！

グリーンカラーでスタジャンとスニーカーで合わせたコーデ。自分のファッションのポイントは "ハイストリート" ハイブランドとスニーカーを組み合わせた決めすぎないカジュアルなファッションが好きです。

19

今日はルイヴィトンスタジャン。
春爛漫の黄色ベースに大好きな
水色でのルイヴィトンロゴが散り
ばめられたデザイン。
黄色×水色の組み合わせって可
愛いよね！

ポジティブ
イエローコーデ！

POSITIVE YELLOW COORDINATION

黄色と水色の
組み合わせが可愛い！

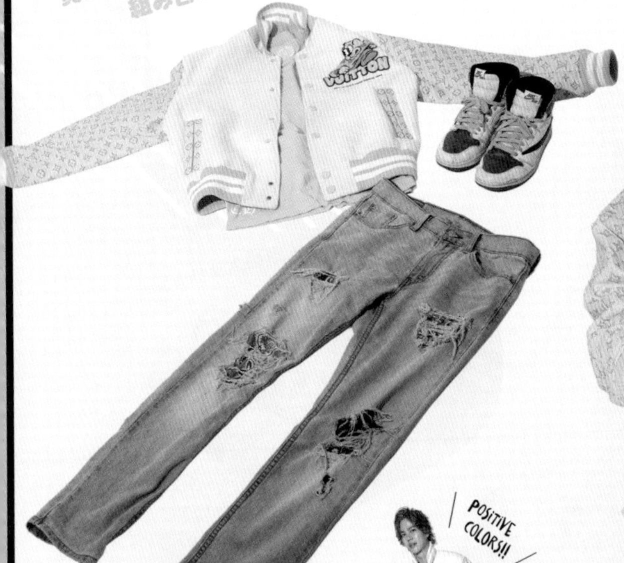

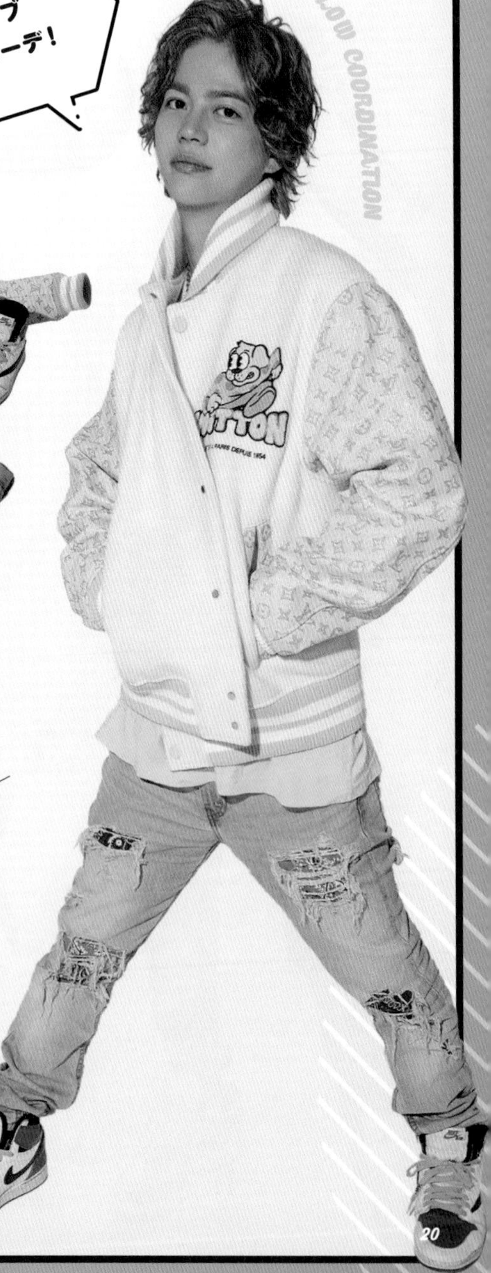

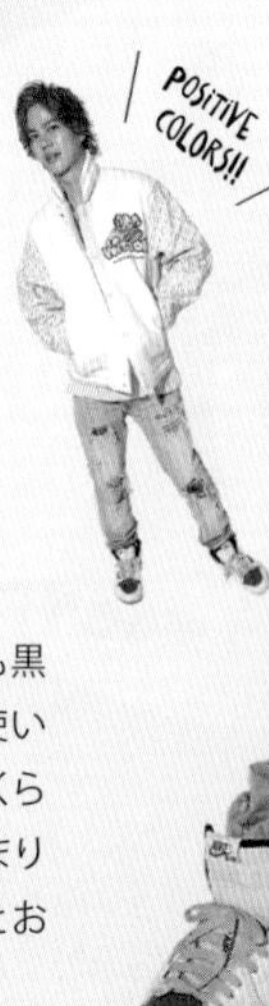

POSITIVE
COLORS!!

ルイヴィトンのスタジャンはこれ以外にも黒
／黄色／紫と色んな色持ってるくらい使い
やすいからおすすめだよ！ 値段は80万くら
いして結構高いけどリセールもよくてあまり
値段も下がらないから買って損はないとお
もうよん♪

20

POSITIVE BLUE COORDINATION

ポジティブ
ブルーコーデ！

今日のスタジャンはルイヴィトン×草間
彌生のコラボスタジャン。
水色と可愛いキャラクターワッペンが
ポジティブ溢れてる。薄い水色のカラー
リングがとても好み。

薄い水色のカラーリングが好み！

MY BACK
iS KAWAii!!

デニムは自分のアパレルブランド iris のペイズリーカスタムデニム。好
きなペイズリーの色にカスタムできるので本日のテーマの "ブルー" に
合わせたデニムをチョイス。
スニーカーはトラヴィススコット×エアジョーダンのスニーカー。
差し色で紐をピンクにしてワンポイントの可愛さを注入！
やっぱりスニーカー大好き。

今日のスタイルは、ルイヴィトンのモノ
グラム、フラワーライトの長袖シャツと
膝丈パンツのセットアップ。

*POSITIVE SETUP COORDINATION*

ポジティブ
セットアップコーデ！

*THIS MONOGRAM IS SOOOOO CUTE!!*

着心地も抜群！！

MY FAVORITE
LOUIS VUITTON

気軽に着れるから
海外でも使いやすい！

BTS のテテさんも着用して人気になったルイヴィ
トンのセットアップデザインは、生地も履きやす
くセットアップで気軽にどこでもいけるし海外で
も使いやすい。

POSITIVE PINK COORDINATION

日本一ピンクが似合う男、春木開のために作られたかのようなサンローランのピンクスタジャン。

**ポジティブ
ピンクコーデ！**

PINK COLOR
iS POSITIVE!

サンローランの
希少カラー！

まさに俺のための
ピンクスタジャン！！

黒のデニムでシンプルに
まとめたピンクコーデ！

肩周りにレザートリムのあしらいがあるテディジャケット。
ロゴ主張なくシンプルなデザインだけどデザインだけでサンローランってわかるのが凄い。
ユニクロデニムでシンプルにまとめたピンクコーデです。スニーカーの靴紐とピンクをさりげなく合わせてみました。

今日のスタイルは、コムデギャルソン
の水玉長袖シャツとサルエルパンツの
コーディネート。

ポジティブ
サルエルコーデ！

POSITIVE SARROUEL COORDINATION

BLACK EXISTS
FOR ME!!

## 黒ベースの水玉が可愛い！

黒ベースの水玉にスニーカーの赤を差し色でコーディネート。
スニーカーは、エアジョーダンシカゴ。

BLACK & WHITE
DOT PATTERN!!

たまにはこういう
コーデもしてみる！

美容師っぽいサルエルパンツで遊び心満載コーデ。
普段しないようなコーデしてみたけど似合ってる？？？

POSITIVE ROCK COORDINATION

今日のスタイルは、フォーマルにライダースのコーディネート。

ポジティブ
ロックコーデ！！

ライダースは
サンローランしか勝たん！

I LOVE
LEATHER RIDERS
JACKETS!!

BLACKRED!!

差し色には赤を効かせる！

赤と黒の漆黒のサンローランのレザーライダースに赤と黒の
スニーカーエアジョーダンシカゴを合わせてみました。
ライダースはサンローランしか勝たん。
無骨な武装戦線のような男らしさを醸し出せるからライダー
スコーデは好きです。
もちろんバイクの免許もありません。

今回のスタイルブックでは普段しないようなコーデもしようということでチョイス。コート自体をあまり着たりしないのだが意外にきてみたら似合ってるかも。

**ポジティブレザーコートコーデ！！**

POSITIVE LEATHER COAT COORDINATION

RAF SIMONS
LONG BLACK TRENCH COAT!!

**ラフシモンズのレザーコート！！**

TRENCH COAT SUITS ME!!

**ラフシモンズのレザーコートでシックにまとめて、足元はカジュアルに！！**

ラフシモンズのレザーコート。このコートは CLOUD CLOSET っていうファッションシェアリングサービスで選んだよ。
普段自分がしないようなファッションを気軽にトライできるしSNS用の撮影にも使えるから今の時代にあってるね！

26

POSITIVE FLAMINGO COORDINATION

ポジティブ
ドフラミンゴ
コーデ！

春木開かドフラミンゴしか着れないで
あろうサンローランのファーJKT。
1度見たら2度と忘れないこの存在感。

サンローランのファーJKT!!

SAINT LAURENT FUR JKT
ONLY EXISTS FOR ME!!

身に着けるアイテムも
ポジティブマスト！

サングラスはジェントルモンスター。
日本にはあまりないので海外に行った
ら必ず買ってかえるブランド。
このデザインはドバイで買ったかな。
とにかく他の人と被らないようなファッ
ションが好き。唯一無二しか勝たん。

### HARUKI KAI'S
# POSITIVE ITEMS
# 01-05
—

**春木開のポジティブ・アイテム紹介**

日常を彩るポジティブなアイテムたちをご紹介。価格よりも
価値を大切にする姿勢が人生を豊かにする！常にポジティブ
な気持ちで過ごすことを心掛けている春木開の心の持ち方
についてのお話しや、ポジティブな生活のコツを公開！

## 01
## —
## BAG

愛用してる鞄はエルメスのバーキン35の黒×金金具。
財布はエルメスクロコのケリーウォレット黒×金金具。
黒金の組み合わせの色味が好き。カジュアルな服装な
時はディオールのトートが使いやすくてこのシリーズは
もう3個目くらい。ヴィトンのポーチは持ち運びもしや
すいし沢山入るから財布としても使ってるよん。

最近購入したクロムハーツの鞄
もお気に入り。

What's
in my Bag?

My items always
make me POSITIVE!!

鞄の中身はスマホで仕事してることも多い自分にとって充電切れ
るのは死活問題なのでエルメスのポータブル充電器が2つ。常
に最低最悪を想定するのがポジティブだからね♪ あとはいつ何
時何があるかわからないからコンドームといつファンの方にサイン
を求められてもいいようにサインペンは常時してるから気軽に
サイン頼んできてもいいよ。香水は中学1年生から愛用してる
GUCCI の RUSH。一途だから一つのものを長く使うのさ。

## 02
—
### OBJECT

*This makes me sooo POSITIVE!!*

誕生日にいただいた caws のオブジェ。
価値は全然わからないがポジティブになれそうな顔はしてる笑

## 03
—
### SUITCASE

*MMM...I can't start without these...*

旅や移動が多いからキャリーケースのデザインにもこだわりが強い。こちら supreme × rimowa
のコラボキャリー。即完売したデザインで黒赤両方購入。気に入ったデザインは色違いで購入し
てしまいがち。キャリーケースは旅の気分に合わせて使い分けてる。

# HARUKI KAI'S
# POSITIVE ITEMS
—

## 04
—
### WATCH

These are my must-haves!!

愛用してる時計はリシャールミルの RM011 とロレックスのヨットマスター。リシャールも1700万円で購入したのが現在3000万円越え。ロレックスも300万円で購入したのが現在600万越えの価格に。基本俺が着用したら価格ってのは上がるのさ。

## 05
—
### NECKLACE

Look at my POSITIVE ITEMS!!

愛用してるアクセサリーはクロムハーツの22k（ゴールド）。フィリグリークロス×ペーパーチェーンにフルダイヤのブレスレット。リング・ピアスも全部クロムハーツの22k。金の値段がどんどん高騰して全て購入価格より倍以上の価格になってる。価格でなく価値で買い物すれば買い物すればするほど資産は上がるのさ。

美肌の秘訣は毎日のスキンケア。美容クリニックでの施術も大切だが日々の集積が今日の結果。毎日継続して肌を大切にすることが美肌につながる。〜美肌は1日にして成らず〜

愛用してるのはクリスティーナの化粧品とハーブスキン一択。自分はフォーエバーヤングシリーズとエクソソーム美容液を使用。夏とかで肌が乾燥したり紫外線浴びてる時はアンストレスを使ってる。日々の肌の状態に合わせて効果を使い分けれるのがクリスティーナの推し処。

Positive Hairset

Positive Hairset

いつどこで素敵な出会いがあるかわからないから1%でも自分のランクを上げておくことは必須なので家を出る時は毎日ヘアメイクさんが家にきてくれる。ちょっとラフに外出した時に限って素敵な出会いがあってもっとちゃんとしとけばよかったー。ってことない？？

そんなマーフィーの法則にならないように、常に春木開は準備万端。それが本当のポジティブ！出張が多い自分は東京だけでなく大阪／名古屋／福岡には専属のヘアメイクさんがいる。全国のポジティブヘアメイクの皆様いつもありがとうございます。

My own
Hair & Makeup Artist

I am always ready for
Wonderful Encounter

*The Positive hairline along the neck*

*Pattern* 05 *Dark Green*

*Pattern* 01 *Light Green*

*Pattern* 06 *Blue*

*Pattern* 02 *Purple*

*Pattern* 07 *Yellow*

*Pattern* 03 *Rainbow*

BIRTHDAY COLOR!!

*Pattern* 04 *Pink*

その髪型どうしてるんですか?と言われるけど基本カラー以外は全てお任せ。"春木開ヘア"といえば伝わるはず笑　襟足のカラーは毎月気分や着てる服装に合わせて変えてて自分の誕生日の6月だけレインボーにしてる。1番人気なのがピンクなので最近はピンクにしてることが多いかな。全髪ピンクにもしたいなと思ってるんだけど毎月ブリーチして頭皮が限界迎えてて全髪は美容師に止められてる笑 俺のスピードについてこれない髪の毛なんていらないんだけどね♪ カラーカットは東京メンズラピスのくにさんにお任せしてるよ★

*Positive Nail*

*Positive Nail*

今年から爪にも気をつけるようになり、2週間に1度ジェルネイルをしている。爪が伸びてたり爪が汚れてたりささくれが伸びてたりって意外と目につく。
"神は細部に宿る"と言う言葉があるように、どこを見ても美しくありたい。ネイルはカイサロンメンバーにお願いしてる。
ネイルケアをするようにしてから「爪綺麗！！」って言われることめちゃくちゃ増えた。やっぱり褒められることで人は自己肯定感高まるし値段もそんなに高くないし（3,000〜5,000円くらい）まだやってるメンズも少ないから差別化にもなるし絶対おすすめ。

*Regular Beauty Treatments makes me Positive...*

月に2回のピ□トー□ングでシミ撃退。

海外帰りには必ずクリスティーナのアンストレスで水分注入でプルプル肌に。

ハーブオリジナル漢方ヘラスも毎日常用。食欲抑制できて代謝も良くなって体重を減らす！

# The Path of Haruki Kai's Life

春木開の0～35歳までの軌跡
from 0 to 35 years old

*I was really a good boy!!*

焼きとうもろこし
大好き！

## 5歳くらいの時

焼きとうもろこしのソースがうな
ぎの蒲焼ソースだと知った幼少期。

## 1993-1996　　1988

## 8歳くらいの運動会

高校生になっても50m走は9秒台。
運動は本当にできません。

## 1988年6月28日春木開誕生

3歳の時「ぼくはかせだよ」で入賞。

*I am not good at sports.*

*What a CUTE BOY!!*

## 28歳の誕生日

大阪のヤンマースタジアム長居を貸切にし生誕
祭を開催。白馬で登場とサプライズにも拘る。

## 高校３年生の文化祭

ルールは守るものより作るもの。高校３年間は毎年
学級委員会。

*Rules are something to create rather than follow!!*

### ギャル男ブーム
### 全盛期

前髪は顎下までつくM字バンク。

## 2016-NOW

## 2004-2006

*My precious HISTORY!!!!!!*

今も昔も
春木開、全開！

### 18歳の時

島根県で免許の合宿で免許獲得。
１年間失恋してたが合宿場で彼女も獲得。

*Friend Forever....*

# kai's World Travel

## 移動距離は成長速度と比例する

毎月1カ国海外旅することをノルマとする。現在35カ国。今年も沢山旅するぞ！！！

### Macau

### America

商業用としては世界一の高さのマカオタワーでの
スカイウォーク。高ければ高い壁の方が登った時
気持ちいいもんな。

海外旅ではレンタカーを借りての移動が多い。
マイアミ、LA 今は免許取消され運転できないから
いい思い出。

### Dubai

美しくさく環境は自分で決めたらいい
他人は他人　自分は自分
自分にあった環境だから綺麗にさける
これは人も同じ
合わない環境ではたえてしまう
サボテンも水あげすぎたら枯れる
薔薇は砂漠でさけないし

# Egypt

# Saudi Arabia

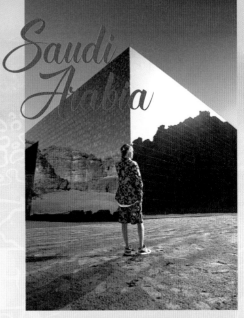

石油国家で巨額の富をもつ国の観光業成長に驚嘆。

高山病に打ち勝った過酷な旅。

俺レベルになればラクダに乗るのでなくてラクダに立つよね。

# Peru
## Machu Picchu

# Brazil
## Iguazu Falls

虹さえも俺を歓迎してくれてる。

ケニアではスラム街での支援活動や孤児院での寄付活動3年間予約が取れなかったキリンと過ごすジラフマナーというホテルに宿泊。サバンナには野生のライオンやチーターがいて興奮半端ない。

Cheers!!

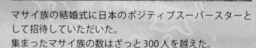

# Kenya

マサイ族の結婚式に日本のポジティブスーパースターとして招待していただいた。
集まったマサイ族の数はざっと300人を越えた。

I can see Wild Animals...

# 理想と現実
# Ideal & Real

世界のインスタグラマーのインスタ映え写真を目指して
世界を旅するが、理想と現実は程遠い。

泡風呂ってどうやって映えるの？

バハマのサメとのインスタ映え写真。
噛まれるかと思った。

ジャグジーがないんじゃ。

気球少ないんじゃ。

キリンに舐められまくるんじゃ。

# POSITIVE ROOMS

春木開のポジティブ・ルーム紹介

こちらは誕生日にいただいたプレゼントの数々。皆似顔絵や
肖像画沢山くれるから自分の顔だらけでどんだけ自分のこと
好きやねんって感じになってる。ナルシスト!? ポジティブ足
りない！ 自分のこと好きになられへん人が他の人好きにな
られへんから！ もちろん自分のこと大好きに決まってる!!!!

44

welcome to ポジティブハウス！家に帰るとポジティブな気持ちになれる
ようなポジティブな世界観を意識してる。部屋のこだわりは角部屋の窓一
面のビュー。一望できる景色は圧巻なのにこの日天気悪すぎやねん！！！

早起きのコツはカーテンを開けて寝ることでポジティブハウスにはカーテ
ンがありません！他の人から見られないかって！？ ポジティブ足りない！
俺の階数が高すぎて周りから見られることないから大丈夫やねん！！！

KAIKAI KIKI...SOUNDS LIKE MY NAME!!

クッションは村上隆さんのブランドのカイカイキキ。名前もだしデ
ザインもカラーリングもだし春木開っぽくて俺のブランドと勘違い
されて昔よくインスタでメンションされてたけど俺のブランドでは
ありません笑

俺がソファにいるだけで
華やかになっちゃうよね。

クッションが大好きすぎて沢山集めちゃう。シャネル／ヴィトン／クロムハーツ／フェンディ。ブランドの統一感がないのも春木開っぽい。誕生日にクッションいただけるのめちゃくちゃ嬉しいので皆プレゼントに悩んだらクッションください笑笑

ブランドの統一感は
あえてなくすのが「春木開」流。

バスタオルやブランケットもヴィトンを愛用。

クッション大好き！

20代の時にスワロフスキーショップを経営してたので部屋中スワロフスキーのインテリアで溢れて部屋が輝いてる。まぁ俺の方が輝いてるけどね？

マガジンラックはクロムハーツ。一時期部屋のインテリア全部クロムハーツにしようとしてた時期があり小物沢山集めてた。クロムハーツのソファとかめちゃくちゃかっこいいんだよ！

MY PRECIOUS MEMORY....

この巨大なアートは俺の人生の転機になった恩師との出会いになった思い出の品。恩師は亡くなってしまったけどきっと天国で俺のことを応援してくれてるはず。本当にクソお世話になりました！

FENDI POPS ME UP!!!

インテリアとしてスケボーをいただいている。
フェンディやルイヴィトンのスケボー。可愛すぎるでしょ。
滑らないのかって？ ポジティブ足りない！
スケボーも恋愛も滑ることはしないのさ？？？？

## スケボーも恋愛も
## 滑ることはしないのさ？？

素敵な靴が素敵な場所に連れて行くんじゃなくて俺が素敵な場所に連れて行く。 1足100万円以上する。dior × AIR JORDAN
や LV × AF1 のスニーカーも飾るのではなく履き潰してます。「え？その靴普通に履いてるの？」とよく言われるが見栄で履いて
るわけじゃないからもちろん履くよ♪

## スニーカーは飾るのではなく
## 履き潰すのが「春木開」流。

48

> 冷蔵庫の中見を
> 公開しちゃう！

**二日酔い時のために
os1 をポジティブ常備。**

料理はしないし家に炊飯器も鍋も調理器具
は何もないから冷蔵庫には飲み物だけ。水は
クロムハーツと二日酔い時に飲む os1。お酒
が適度に入ってるのと甘いものは苦手なので
冷凍庫には氷のみ。

## キッチンの棚の中にはたくさんのポジティブ足りてる本を収納！

KITCHEN SHELF IS MY BOOK SHELF!

キッチンの棚は本棚として使っ
てる。料理してる時間がある
なら好きな人と一緒にいたり
本を読んでいたいかな。

# HOTEL LIFE

*in Tokyo*

自宅を持ちつつ、年間のほとんどがホテル生活。
宿泊費以上の価値を求め、贅沢な時間を過ごす。

自宅もあるけど出張が多い自分は年間300日はホテル生活してる。
ホテルの世界観やホスピタリティはビジネスに転用もできるので旅先では毎日のようにホテルも変える。

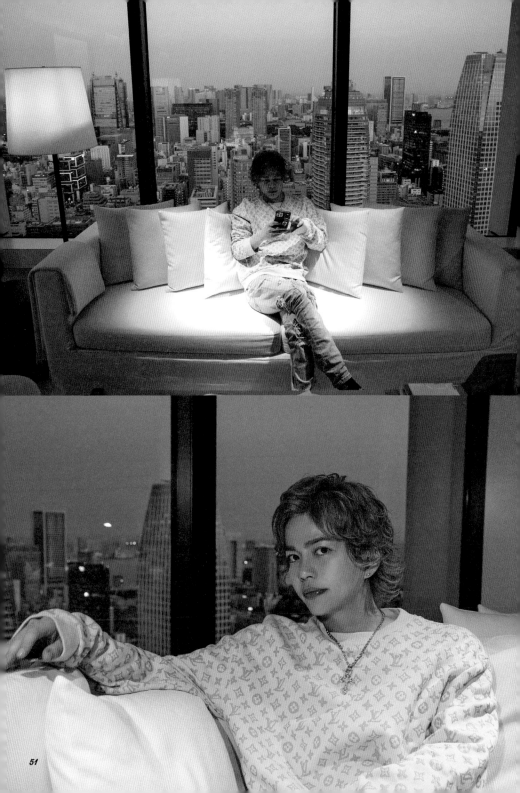

ただ宿泊するだけでなく、なぜこのホテルが流行ってるのか流行ってないのか。この価格設定はなど、全てにおいて言語化できることを意識して宿泊してる。泊まった以上の価値を得て宿泊することで宿泊費以上をペイするのが俺流。

バスローブはピンクのベルサーチ。こんなの春木開にしか着れないって服を着るのが好き。ホテルでも寝るときはカーテンは開けて寝ます。

## INTRODUCTION of dazzy

キャバ王から通販ドレスブランド dazzy 代表に。
業界活性化を目指す未来に感謝し、さらなる成長を目指す。

国内最大通販ドレスブランド dazzy の代表を務めております。キャバ王としてメディアに出演していた実が今こうして結ばれている未来に感謝しています。昨年は TGC にも出展しており、ますます業界を活性化していけるように尽力していきます。

INTRODUCTION of **HAAB×DREAM BEAUTY CLINIC**

春木開プロデュースのクリニック。
全国に展開中。

HAAB ×
DREAM
BEAUTY CLINIC

自分がプロデュースする HAAB DREAM BEAUTY CLINIC 東京本院。
通うだけで美意識が高まるような唯一無二の内装になってます。原宿／青山／横浜／名古屋／大阪…全国に展開中。

クリニックの院長・田中医師は名実共に日本一の二重整形ドクター。親友でありビジネスパートナーである、深い絆の関係です。

INTRODUCTION of **LUX GYM**

経験豊富なトレーナー陣が指導するパーソナルジム。

本人もトレーニングに参加。タイミング合えば会えるかも!?

**LUX GYM**
Fitness Club

自分が経営するパーソナルジム LUX GYM。
赤坂でなんとパーソナル通い放題 55000 円と業界破格のポジティブ価格で運営してます。

**藤井ゆうこトレーナー**
2021年　JBBFオールジャパンフィットネス選手権 優勝
2023年　関東フィットネス選手権 優勝

**上松トレーナー**
2023年　SPORTEC CUP 優勝　　2019年　関西フィジーク 優勝
2022年　ALL JAPAN 準優勝　　2018年　ベストボディジャパン 大津 優勝

トレーナーも名だたる大会で優勝したトレーナーばかり。自分もミュウくらいの出現率でジムでトレーニングもしてるのでタイミングが合えば合トレしましょう！ 運気が上がります!! 〜運を動かすと書いて "運動" 〜

photo © 中山雅文

# LUX GYM
### Fitness Club

**SATORI トレーナー**
SNS総フォロワー23万人超の予約が取れない女性専門の美尻トレーナー。
著書『SATORI式美尻メゾット2ヶ月でお尻は生まれ変わる』
KADOKAWA から出版。

# 春木開への100の質問

理想のデートは?

ポジティブに生きる秘訣は?

座右の銘は?

初恋はいつ?

マイブームは?

**Q1 名前の由来**

**春の木を開くと書いて春木開（本名です）**

桜のように開花していく由来です
今年は名前負けしないくらい "開" する事件もありました。

**Q2 長所**

**ポジティブなところ**

**Q3 短所**

**ポジティブすぎるところ**

**Q4 好きな食べ物**

**エビマヨツナマヨサーモンマヨ**

**Q5 嫌いな食べ物**

**甘いもの**（共食いになっちゃうから）

**Q6 家族構成**

**父母弟**

**Q7 カラオケの18番**

**19　以心伝心**
**オレンジレンジ　以心電信**

**Q8 座右の銘**

**やるか　すぐやるか**

**Q9 行ってみたい国**

**ボリビアのウユニ塩湖**
**フィンランドのオーロラ**
**タンザニアのフォーシーズンズ**

**Q10 朝起きて1番にすること**

インスタのストーリーで **"おはよう世界"**

**Q11 趣味**

**寄付　奢ること**

**Q12 出身**

晴れの国 **岡山**

**Q13 初恋はいつ？**

**18歳**

**Q27** スマホでなにしてる?
SNS

**Q28** 部屋着は?
自分のアパレルブランド iris

**Q29** 美容院にいく頻度は?
毎日ヘアメイクがホテルに来てくれてる
カラーとカットは月2回美容院でしてる

**Q30** これまでの最高のイベント
自分の誕生日会で大阪長居スタジアムを
貸切で白馬で登場して花火を打ち上げた

**Q31** マイブーム
サウナ LEDIANSPA ヘビロテ

**Q32** 身長・体重
170cm 60kg

**Q33** 足のサイズ
24.5

**Q34** 視力
もともと 0.1 なかったが
ICL してから 1.5 に。超おすすめ!

**Q35** 好きなドラマ
白夜行
俺の恋愛観を築いてくれた。Hulu で見れるよ。

**Q36** 好きな映画
ワイスピ

**Q37** 1番会って嬉しかった芸能人
赤西仁

**Q38** 好きなお笑い番組
水曜日のダウンタウン 千鳥のチャンスの時間

**Q39** 好きな漫画
少年のアビス adabana パンティノート

**Q14** ポジティブに生きる秘訣
人と比べないこと

**Q15** 尊敬する人
エミネム 山田勝己

**Q16** 小さい頃はどんな子だった?
ネガティヴ

**Q17** ペット
ザリガニ が最初で最後

**Q18** 黒歴史
ぱっかーん

**Q19** 得意なスポーツ
夜の試合

**Q20** お風呂にはどのくらい入る?
毎日朝

**Q21** 朝は弱い?
毎朝5時起き

**Q22** サプライズはしたい?されたい?
サプライズはする方が幸せ
相手が喜ぶ顔が見れるから

**Q23** 付き合うなら年上?年下?
年代なんて気にしない
年代気にするのはワインくらい

**Q24** 現金は?カードは?
mariott bonboy と
アナダイナース がメインカード
ポイントで飛行機もホテルも世界を旅してる

**Q25** 利用してるサブスク
学びの為 沢山のオンラインサロン に
入会してる

**Q26** 1日でどれくらいスマホ使ってる?
スクリーンタイム今見たら 平均12時間

**Q40** タイムマシンに乗ったら過去未来どっちにいく？

今が楽しいから今を生きる

**Q41** 使ってる香水

体臭からフェロモンだす

**Q42** 無人島に一つだけ持っていくとしたら？

家

**Q43** 自分を動物にたとえると

ペガサス　ハンギョドン

**Q44** 最近買ったものリスト

ジェントルモンスターのサングラス

**Q45** 付き合う上で欠かせない条件

居心地

**Q46** 理想のデート

温泉

**Q47** 恋人としたいこと

一緒にいれたらいい

**Q48** 月にどれくらいの頻度で会いたい？

最低週1

**Q49** やきもちは焼く派？焼かれたい派？

肉もヤキモチも男がやくもの

**Q50** スマホを見せらせる？見たい？

開けてはいけないパンドラの箱

**Q51** 勝手にスマホを見られていたら？

スマホ見ちゃいたくなるくらい
不安にさせてごめんね

**Q52** どこからが浮気？

言えないことをしたところから

**Q53** 浮気は許せる？

許せん

**Q66** 今までで一番お金をかけたこと

事業投資

**Q67** 節約したいところ

ホテル代

**Q68** 自分なりの生活のこだわりは？

暇を作らない

**Q69** 人生のテーマは？

人生楽しんだもん勝ち

**Q70** 愛と恋の違いはなんだと思う？

綺麗な花があった時持って帰るのが恋
水をあげるのが愛とブッダが唱えていた

**Q71** 過去最高に泣いたこと

1リットルの涙

**Q72** 好きな子とは毎日 LINE したい？

したいってかしてしまう

**Q73** まず電話とLINEどっちが好き？

LINE 電話は嫌い

**Q74** 好きになるきっかけは？

直感

**Q75** 目で追っちゃうことってある？

追っちゃってよく怒られる

**Q76** かわいいなっておもう仕草は？

寝顔

**Q77** えくぼある方がいい？

えくぼは前世で愛した人を忘れたくないと残る
って UVERworld が歌ってたからなくていい

**Q78** 彼女がわがままだったら？

わがままさえも個性と魅力の一つ

**Q79** 記念日とか大切にする？

少しずつ増えていく記念日も大事にしていきたい

**Q54** 身体の相性は重要視する？

相性より愛情

**Q55** 経験人数は？

自分の脈拍数とか覚えてる？
それと一緒

**Q56** 何歳で結婚したい？

coming soon

**Q57** どんな結婚式がしたい？

ドバイで結婚式場は探してる

**Q58** 新婚旅行はどこに行きたい？

モルディブのソネバジャニ

**Q59** 一軒家 or マンション？購入 or 賃貸？

賃貸タワマンだけど
年間 300 日はホテル

**Q60** 子供は何人欲しい？

二人

**Q61** 親と同居したい？
相手の親とは同居してもいい？

同居は自信ないけど
旅行とかは連れて行きたい

**Q62** 家族の性格を1人ずつ一言で説明して！

父 鉄仮面 母 ポジティブ
弟 無感情人間だったのが
結婚して人間味が出てきた

**Q63** 子供の頃の夢と今の将来の夢は同じ？

子どもの頃の夢だったビデオ屋さんは
大人になったら Netflix に淘汰されていた。
そんなもんだから夢は変わって全然 OK

**Q64** 死ぬまでにやってみたいことは？

世界一周

**Q65** 今、一番お金をかけているところ

美容 ホテル 旅行

**Q93** 束縛が激しい彼女はいや？

動物園のライオンと
サバンナの野生のライオンと
どっちが魅力的？

**Q94** 自分は束縛する？

縛るのはベッドの上でだけ

**Q95** 優柔不断な彼女はいや？

俺がひっぱるからいいよ

**Q96** 自分は頼り甲斐があるとおもう？

任せとけ

**Q97** 自分はモテる方だと思う？

モテない。モテすぎるから。

**Q98** 運動音痴な子ってどう思う？

同じで嬉しい

**Q99** 彼女が泣いてたら？

その涙俺の唇で拭うよ

**Q100** 清楚系とギャル系どっちが好き？

ギャル天使

**Q101** 絵文字は好き？

絵文字はアート　色味は大事

**Q102** LINEとかマメな方？

マメとかマメじゃないとかの前に
連絡してしまうよね

**Q103** これまで見てくれた人に一言！！

ありがとうございました！！
ポジティブチャージ！！！！
100で収まらないのが春木開

# POSITIVE!!

**Q80** 友達より彼女優先する？

友達　そして仕事

**Q81** ご飯とかおごってあげる？

奢る奢られ論あるけど
女性に財布は開かせない
開かせていいのは心と股だけ

**Q82** メイクが濃い彼女はいや？

全然いいよ

**Q83** ケンカしちゃったら謝る？

謝るようにします。謝罪こそが正義。

**Q84** 彼女に影響されるタイプ？

影響させるタイプ

**Q85** この服装にしてって言われたら？

親に言われても先生に言われても彼女に言われてもしませんが
白鵬さんの断髪式だけはTPO守りました

**Q86** 夏祭りはゆかたできてほしい？

今年初めて仕事で
浴衣デートする。嬉しい。

**Q87** 彼女がたくさん食べる子だったら？

俺まで食べて欲しい

**Q88** 彼女がど天然だったら？

かわいいやん

**Q89** これは嫌だっていう彼女の仕草は？

食べ方が汚い

**Q90** これは嫌だっていう彼女の仕草は？２つめ。

部屋が汚い

**Q91** これは嫌だっていう彼女の仕草は？３つめ。

言葉遣い汚い

**Q92** 自分より身長が高い彼女どうおもう？

志は俺の方が高いから全然OK

MESSAGE
from
FRIENDS

友人達からのメッセージ

Dear
Haruki Nu...

## *from*
# *t-Ace*

カイ出版おめでとうー！
また遊ぼうなー！！

## *from*
# 青汁王子

出版おめでとう！
春木開は器も○○○も
"でっ開"！

## *from*
# しみけん

春木くんはいつも僕に
気づきと笑顔をくれます！

## *from*
# エンリケ

かい君の全くネガティブな発言が無くってどんな困難なこともポジティブに変えてっていってる所が尊敬するし元気もらってます！！私が落ち込んでる時になにげなく変わらず連絡をくれたり応援してくれたり心の底から救われてみんなが見てない裏側でもポジティブで溢れている！そんなカイくんが大好き！！いつか恩返ししたいなと思える人です。これからもずっと応援してます！

**from**

# ラファエル

開くん出版おめでとうございます！
ポジティブ足りてるのはいいけど
黒髪の方が絶対いいですよ！！

**from**

# ヘラヘラ三銃士
# まりな

開くん！スタイルブック発売おめでとうございます！！
私もポジティブ会の一員になれて本当に嬉しいです！
いつもポジティブでムードメーカーな開くんを尊敬して
ます！これからも仲良くしてください！！

**from**

# 木下 隆行

パワースポットって
場所だけやないんだな。
人もいるのだ。春木開

**from**

# 咲人

この度スタイルブックの出版おめでとうございます！
開さんのスタイルブック読んでポジティブ注入して開超
えのポジティバーになろうと思います！これからも仲良く
してくださいね〜！！ポジティブ最高！！！！

**from** 株式会社サムライパートナーズ 代表取締役

# 入江 巨之

ご出版おめでとうございます！
いつも会っても俺よりもポジティブでw
彼は自然と周りと "自分自身" も、笑顔に楽しくさせる天才
だと思います。ほら、このスタイルブックからも彼の楽しそ
うな笑い声が聞こえてくる気がしませんか？ 出会ってから
進化し続ける彼を、僕はこれからも笑顔で応援しています！

**from** MDS FUND DUBAI LLC 代表取締役

# 竹花 貴騎

『ポジティブ』の連想ワードがすでに『春
木開』と日本がなってる事に、開さんの
ブランディング力がレベチ... 容姿、性格、
経済力と３点揃うのは反則です！

**from**

# 春木母

何かを始めるのに年齢は関係ない、
やるか、すぐやるか。
息子からこの言葉をもらったから今がある。
この本が誰かの一歩に繋がりますように。

**from**

# ひかる

開さんスタイルブック発売おめでとうございます！♡
開さんは一緒にいる時間が長いのにいつも違う事にチャレ
ンジしてたり、毎回新しい一面を発掘していく姿勢に沢山
刺激をもらっています＾＾！忙しい中なのに日々気にかけ
て優しくしてくれててありがとうございます♡
これからもよろしくお願いします＾＾

# 終わりに

今回スタイルブックを出版しないかというお話を頂いた時
モデルでも芸能人でもなく、なんならちょっとお腹でてる自分がスタイルブック!?
需要ある!?と耳を疑った。
周りに相談したら、何目指してるん?と笑われたりもした。
きっとこの本が発売されてる時も色んな批判の声が想像できる。


でも、自分のライフスタイルを刻んだこの一冊が
誰かの人生のポジティブになるきっかけになることを願い出版を決意した。


挑戦すれば批判される
失敗すれば笑われる
周りを見れば隣の芝は青すぎる
そんな時代


～ no positive no life ～
もう "ポジティブなしでは生きていけない" やろ！！


何目指してるん?くらいの、みんなが俺みたいな
ポジティブ溢れる生き方をしたら、もっと楽しい時代に楽しい国になる。


周りと比べず
嫌われることを恐れず
自分の人生を生きていく


皆が下を向きそうになったとき、春木開を見れば前を向ける。
そんなポジティブの羅針盤のような存在になる。


ポジティブが足りなくなった時は、ぜひ俺のことを思い出してくれ
俺があなたに一言物申す。


Be Positive!!!!!!!!!!!!!!


最後まで読んでくれてありがとう！心から感謝してます！！！！

THANK YOU

# no *positive* no life
~ネガティブからポジティブな自分まであと数秒~

## 春木開 HARUKI KAI

2023年10月20日　第1刷発行

| | |
|---|---|
| 著者 | 春木 開 |
| 発行者 | 笹川 祐莉 |
| 発行 | 株式会社 st-YOLO |
| 発売 | 星雲社（共同出版社・流通責任出版社） |
| 印刷所 | 株式会社光邦 |

STAFF

| | |
|---|---|
| 編集・企画 | 笹川 祐莉 |
| デザイン | 大津 祐子 |
| 撮影 | Munetaka Tokuyama |
| 撮影アシスタント | MUSASHI |
| ヘアメイク | 野田 理恵 |
| 写真レタッチ | 中山 雅文 |

ISBN 978-4-434-32549-6

お問い合わせ
mail: creative@st-yolo.co.jp
※内容によっては、お答えできない場合があります。
※サポートは日本国内のみとさせていただきます。※ Japanese text only